AF536902

Título original em inglês: *Famous Children Toulouse-Lautrec*
Tradução autorizada por Aladdin Books Ltd
Primeira edição feita na Grã-Bretanha, 1993, por Victor Gollancz

Texto adequado às regras do novo Acordo Ortográfico da Língua Portuguesa

Callis Editora Ltda.

2ª edição, 2019

Coordenação editorial: Miriam Gabbai
Tradução e adaptação do original: Helena B. Gomes Klimes
Revisão: Ricardo N. Barreiros
Escaneamento e tratamento das imagens: Márcio Uva
Diagramação: Carlos Magno

CIP-BRASIL. CATALOGAÇÃO-NA-FONTE
SINDICATO NACIONAL DOS EDITORES DE LIVROS, RJ

H262t
2.ed.

Hart, Tony, 1925

Toulouse-Lautrec / Tony Hart e [ilustração] Susan Hellard ; [tradução e adaptação do original: Helena B. Gomes Klimes]. - 2.ed. - São Paulo : Callis Ed., 2019. il. color. (Crianças famosas)

ISBN: 978-85-454-0064-6

1. Toulouse-Lautrec, Henri de, 1864-1901 - Infância e juventude - Literatura infantojuvenil. 2. Pintores - França - Biografia - Literatura infantojuvenil. I. Hellard, Susan. II. Klimes, Helena B. Gomes (Helena Botelho Gomes) III. Título. IV. Série.

09-5713. CDD: 927.594
CDU: 929:75.036(44)

03.11.09 10.11.09 016098

Índices para catálogo sistemático
1. Literatura infantil 028.5
2. Músicos: Literatura infantojuvenil 028.5

ISBN: 978-85-454-0064-6

2020
Callis Editora Ltda.
Rua Oscar Freire, 379, 6º andar • 01426-001 • São Paulo • SP
Tel.: (11) 3068-5600 • Fax: (11) 3088-3133
www.callis.com.br • vendas@callis.com.br

Crianças Famosas

Toulouse-Lautrec

Tony Hart e Susan Hellard

Tradução: Helena B. Gomes Klimes

callis

No castelo da família Toulouse-Lautrec, em Albi, no sudoeste da França, o conde Alphonse e a condessa Adèle esperavam ansiosos pelo nascimento de seu filho. Nasceu um menino, que eles chamaram de Henri.

Henri era um bebê alegre, mas sua mãe logo percebeu que ele não estava crescendo como deveria. O médico, depois de examiná-lo, deu as más notícias:

— Henri sofre de uma rara doença nos ossos que prejudicará seu crescimento e sua saúde.

A mãe de Henri e suas duas avós preocupavam-se tanto com ele que não paravam de mimar seu “pequeno tesouro”. Mas, apesar de estar sempre doente, Henri era uma criança feliz e queria conhecer tudo a sua volta.

O pai de Henri era um excelente cavaleiro. Sempre que podia, participava de emocionantes caçadas.

— Pai, conte-me sobre sua última caçada — pedia Henri, que adorava ouvir as histórias de seu pai sobre essas aventuras e sonhava com o dia em que poderia cavalgar.

Conde Alphonse adorava seu filho e, volta e meia, vestia uma saia escocesa e representava cenas engraçadas para divertir Henri.

O conde Alphonse, assim como muitos aristocratas de sua época, era um artista amador. Ele adorava pintar e fazer esculturas.

— Este cavalo está lindo, pai. Posso fazer uma escultura também? — perguntou Henri.

— Claro! — respondeu o conde. — Você gostaria de me ajudar?

Henri adorava os momentos que passava no ateliê de seu pai e, aos quatro anos de idade, já desenhava animais com traços rápidos e graciosos.

Henri desenhava o que via nos arredores do castelo de sua família: cavalos, cachorros, passarinhos e pessoas.

— Quando uma perdiz é pega, minha família tem três prazeres: caçar, desenhar e comer — disse um dia a alegre avó de Henri.

— Gostaria de participar de uma caçada, mamãe. Será que logo poderei ir? — perguntou Henri.

— Acho que suas caçadas terão de permanecer em sua imaginação, Henri — respondeu sua mãe com tristeza.

— Não importa, mamãe. Tenho ao menos minhas mãos hábeis para desenhar meus sonhos.

6-7 anos

Em 1870, quando Henri estava com seis anos, seus pais o levaram para Paris. Eles alugaram um apartamento em um bairro onde moravam muitos artistas. Henri adorava a cidade, com suas pessoas apressadas e seus lugares interessantes, mas odiava ir à escola.

Em Paris, Henri estudava no Liceu Fontanes, mas não ia bem nos exames. Não conseguia se concentrar nas aulas e enchia as margens de seus cadernos e livros com lindos desenhos.

Lá ele conheceu seu primo Louis Pascal, e os dois se tornaram grandes amigos.

— Terei de deixar Paris logo, logo — disse Henri a seu primo —, pois vamos visitar algumas clínicas para tentar curar minha doença. Sentirei saudades de você, Louis.

Louis respondeu animadamente:

— Não se preocupe, Henri, escreverei para você se prometer me responder e mandar alguns de seus desenhos.

E assim os dois primos se mantiveram sempre em contato. Quando tinha alguma novidade, Henri escrevia para Louis.

As cartas de Henri eram cheias de desenhos e histórias sobre suas viagens.

"Acabo de assistir ao Circo Americano. Havia uma jaula cheia de leões, e eles davam muito medo", escreveu em uma de suas cartas.

10 anos

12 anos

Infelizmente os tratamentos oferecidos pelas clínicas não curaram a doença de Henri, e ele voltou para sua casa em Albi. Pelo menos não teve de voltar para a escola. Seus pais contrataram um professor particular, mas, mesmo assim, ele achava muito chato estudar. Seu professor ficava furioso quando o pegava desenhando caricaturas nas páginas de seus livros.

— Desenhar não vai ajudá--lo a aprender, Henri. Você tem de ler!

O tio de Henri, Charles, era muito mais simpático que seu professor e sempre valorizava seu talento.

Encorajado por seu tio, o interesse de Henri pelo desenho cresceu muito. Mesmo tendo frequentes dores de cabeça e dores nas pernas, Henri vivia desenhando.

13 anos

— Espero que goste de meus desenhos, tio Charles — disse Henri. — Qualquer talento que eu mostre é graças a você.

Aos 14 anos, Henri passou a usar uma bengala. Sua doença havia piorado muito. Um dia, ao se levantar de uma cadeira, Henri prendeu o pé e caiu.

Que desastre! Henri quebrou o fêmur esquerdo!

Henri teve de ficar imobilizado e, para se locomover, usava um carrinho. Sua recuperação foi lenta. Depois de descansar um pouco em Albi, ele viajou com sua mãe para alguns locais agradáveis e passou o inverno em Nice, onde a temperatura era mais amena.

Em Nice, em uma manhã ensolarada, Henri saiu para caminhar um pouco com sua mãe. Mas ele tropeçou e caiu, quebrando desta vez o fêmur direito.

Pobre Henri! Teve de ficar mais alguns meses de repouso para se recuperar. O médico examinou-o e as notícias não foram nada boas...

— As pernas de Henri pararam de crescer.

Henri teve de aceitar o fato de que nunca poderia cavalgar ou caçar como seu pai. Entretanto, como tinha muito senso de humor, sempre fazia piadas com ele mesmo.

— Elegância não é o meu forte — dizia a seus amigos brincando —, mas desenhar é!

Aonde quer que fosse, Henri fazia desenhos do que via. Ele fazia aquarelas e começou a fazer pinturas a óleo. Pintar deixou de ser uma distração para se tornar uma razão de viver.

Henri era muito exigente com seu trabalho e, durante sua recuperação em Nice, ficou muito desanimado.

— Estou cansado de pintar cavalos e marinheiros. Minhas paisagens são feias: as árvores parecem maços de espinafre e é dificílimo desenhar o mar.

Seu pai ficou preocupado, pois Henri havia sido sempre muito corajoso. Então, o conde Alphonse decidiu contratar um professor de pintura para Henri.

— Princeteau é a pessoa certa — disse tio Charles sem hesitar. — Tenho certeza de que ele poderá ajudar.

— Boa ideia, Charles! Acho que Henri gostará dele.

15 anos

René Princeteau ficou feliz por ensinar Henri. Ele havia nascido surdo e falava de um jeito muito esquisito. Princeteau entendeu facilmente os sentimentos e frustrações de Henri e, logo, professor e aluno se tornaram amigos. Henri voltou a pintar seu tema favorito: cavalos!

16 anos

— Primeiro, faça cópias de minhas pinturas para ganhar mais habilidade — disse Princeteau. — Depois poderá pintar o que quiser.

Princeteau ficou tão surpreso com os resultados que frequentemente dizia que a pintura de Henri era "perfeita".

17 anos

Henri escreveu para seu Tio Charles:

"Princeteau está encantado com meu trabalho. Ele diz que posso fazer cópias muito bem! Vou estudar com o famoso retratista Bonnat."

Assim, aos 18 anos, Henri começou a estudar artes com Leon Bonnat, um professor rigoroso que o fazia trabalhar duro.

— Sua pintura não é ruim — disse Bonnat a Henri —, mas seu desenho é simplesmente horrível!

Henri respeitava seu mestre. Com ele, aprendeu técnicas que o ajudaram nas suas pinturas sobre a vida parisiense e que fizeram dele um pintor famoso.

Henri de Toulouse-Lautrec morreu muito moço, aos 36 anos. Ele deixou mais de 6 mil desenhos e pinturas. Seus trabalhos podem ser vistos em museus do mundo todo.

Tony Hart nasceu na Inglaterra em 1925. O seu trabalho voltado para o ensino de artes para as crianças inspirou muitos artistas, ilustradores, designers e professores. Tony é conhecido também por ter apresentado inúmeros programas de TV.

Susan Hellard é uma hábil ilustradora com uma longa lista de livros para crianças. Mora em Londres e adora nadar. Possui um estilo de ilustração bem diversificado, abrangendo desde princesas até livros de receitas e projetos de cerâmica.